AF509394

NOUVEAUX DÉVELOPPEMENS

SUR LE

LICENCIEMENT DU CORPS DES OFFICIERS

DE L'ARMÉE DE TERRE;

PROJET DE DÉCRET,

ET RÉPONSE

A M. DUBOIS DE CRANCÉ;

Par FRANÇOIS PAUL NICOLAS ANTHOINE,

Député à l'Assemblée Nationale;

Imprimés par ordre de la Société des Amis de la Constitution, séante aux Jacobins.

Quidquid sit, delenda est Carthago. CATON.

Quoi qu'on fasse, je ne cesserai de vous répéter : Détruisez l'aristocratie militaire, où la liberté est perdue.

A PARIS,

DE L'IMPRIMERIE NATIONALE.

1791.

NOUVEAUX DÉVELOPPEMENS

SUR LE

LICENCIEMENT DU CORPS DES OFFICIERS DE L'ARMÉE DE TERRE;

PROJET DE DÉCRET,

ET RÉPONSE

A M. DUBOIS DE CRANCÉ.

MESSIEURS,

JAMAIS dans aucune des questions qui ont occupé l'Assemblée Nationale, la volonté universelle des Citoyens François ne s'est manifestée avec autant d'évidence, d'unanimité & de chaleur qu'elle vient de le faire sur la nécessité de reconstituer le Corps des Officiers de l'Armée de terre.

A 2

(4)

Jamais auffi les intrigues et la fureur des ennemis ouverts ou deguifés de la Conftitution, n'ont fait jouer plus de refforts ni employé plus de moyens pour divifer, efftayer ou féduire.

Amant paffionné de l'égalité & de la liberté, perfuadé que l'une & l'autre tiennent éminemment à l'opération du licenciement, j'ai cru devoir redoubler d'efforts, réfumer encore les moyens que j'ai déja développés dans cette Société, en expofer de nouveaux : j'ai cru fur-tout devoir venir vous conjurer, au nom de la Patrie, de m'éclairer de vos lumières, de me foutenir de votre énergie, de m'environner de toute l'influence de votre opinion, avant que je livre un combat incertain & périlleux dans la tribune de l'Affemblée Nationale. On a trop fouvent tort quand on a raifon tout feul. Ici, je le déclare, le defir de faire prévaloir mon avis eft nul dans mon cœur. Malheur à celui qni, dans le danger de la République, compte pour quelque chofe le petit intérêt de fa vanité ! Mais fi toutes les Sociétés des Amis de la Conftitution ont demandé la régénération de l'inftitution la plus funefte à la liberté, fi je ne fuis ici que l'organe du vœu national, j'ai droit à votre indulgence & à votre appui.

Après beaucoup de conférences particulières avec les partifans de la confervation du Corps des Officiers, je n'ai pas découvert une feule objection, même fpécieufe contre ces vérités : que la juftice diftributive & la fatisfaction du Citoyen & des Soldats exigent le licenciement & la régénération du Corps des Officiers ; que nul Officier n'a le droit de conferver une place qu'il tient de l'ancien régime, & que le plus grand nombre de ces Fonctionnaires étant les ennemis déclarés de la Conftitution, une armée commandée par eux eft nulle pour la défenfe de la Patrie, fi même elle n'eft pas une armée contre la Patrie ; enfin, que le Corps des

Officiers étant formé, avant la révolution, fur des bafes inconftitutionnelles, (les diftinctions de la naiffance & les faveurs d'une Cour corrompue), la régularité de la Conftitution en follicite le renouvellement.

On ne me répond que par les argumens tirés de l'infurrection des parties intéreffées & des dangers d'une guerre étrangère & inteftine ; moyens fi fréquemment & fi inutilement prodigués dans toutes les circonftances.

Meffieurs, daignez vous en fouvenir : quand nous avons réformé les Tribunaux, on a crié à la révolte ; & les Tribunaux ont difparu fans révolte : quand nous avons détruit la Nobleffe, on a crié à la guerre civile ; la Nobleffe a difparu dans le fein de la paix : quand nous avons circonfcrit les Diocèfes, les Paroiffes ; quand nous avons licencié cent Évêques & vingt mille Curés, on nous a menacés de la guerre religieufe, & nous n'avons pas eu de guerre religieufe (1) ; lorfque nous avons reftitué aux hommes de couleur libres les droits éternels que la Nature, plus puiffante que les Légiflateurs, leur avoit fait partager avec nous, on vous a menacé de la perte de vos Colonies, & cette déclaration de guerre n'a pas arrêté votre juftice, & vos Colonies ne peuvent être perdues.

Maintenant que l'on voudroit vous faire craindre la défection du corps des Officiers, fi vous les reconftituez de nouveau, vous confommerez cette utile opération,

____

(1) On n'appellera pas guerre religieufe les cris fanatiques de quelques vieilles femmes, et les prédications féditieufes de quelques mauvais Prêtres, la Loi martiale de Toulouse fuffit contre les unes ; et je crains fi peu les autres, que je voudrois qu'on n'employât contre eux que l'arme du ridicule.

& les Officiers feront encore trop heureux de vous fervir.

Et en effet, quels font ceux des Officiers que ble-fera le plus le mode de remplacement que je propofe? Les jeunes gens prefque fans talens & fans fervice effectif, que des intrigues de cour, fur lefquelles je veux jeter un voile, avoient élevés à l'utile fonction d'aller étaler leur fafte pendant quatre mois dans les garnifons : les autres Officiers qui ont réellement du mérite & des fervices, fe trouveront avancés, & l'on ne peut pas douter qu'ils ne foient fatisfaits de voir la loi faire difparoître pour eux les injuftes effets des humilians privi'éges, & leur rendre le prix mérité du fang qu'ils ont verfé pour la patrie.

Si la force des préjugés en écartoit un trop grand nombre, je vous ai offert les utiles fervices de plus de quatre mille braves Officiers, que les intrigues & l'op-preffion ont forcés de fe retirer avant le temps ; ils afpi-rent tous au moment où la patrie voudra les appeler à combattre encore pour elle.

Les fous-Officiers de l'Armée vous offrent une excel-lente pépinière, dont vous tirerez à volonté tous les fujets dont vous aurez befoin pour les différens degrés du commandement.

Voilà, je crois, une réponfe affez complète à l'ob-jection, que le licenciement vous laifferoit fans Officiers, quand même il ne feroit pas démontré que le non-li-cenciement vous fait courir la même chance. Mais eft-ce de bonne foi que l'on veut nous perfuader que la plus grande partie des Officiers feroient provoqués, par la réforme, à paffer chez l'Etranger?

On m'a reproché d'injurier le Corps des Officiers & moi je reproche une calomnie atroce aux antago-niftes du licenciement qui fe permettent une pareille me-nace. Meffieurs, le Corps des Officiers eft ennemi de la Conſtitution ; mais pour porter les armes contre ſa patrie, il faut être un monſtre, & je ne conviendrai point qu'il y en ait dans le Corps des Officiers.

On a été juſqu'à dire que les Officiers patriotes eux-mêmes abandonneroient le parti populaire : eh bien ! ceux qui l'abandonneront, n'avoient que le maſque de la popularité ; & cela ne nous apprendra peut-être rien de nouveau (1).

____

(1) Je ne crois pas au patriotisme de ceux qui vantent à la journée, dans plus d'une tribune, *leurs sacrifices* et *leurs ser-vices* prétendus. Le vrai Citoyen regrette sans cesse de n'avoir pas eu assez de sacrifices à faire ; et si quelquefois l'indulgence daigne applaudir à ses services, un prompt retour sur lui-même, lui retraçant ses erreurs et ses nombreuses fautes d'omission, étouffe bientôt en lui le premier mouvement de la vanité.

Je ne crois pas au patriotisme de ceux qui se font nommer de tous les Comités de l'Assemblée Nationale, et des Sociétés patriotiques, parce que s'emparer de tout le pouvoir, quand on ne peut pas tout faire, quand on ne sait pas tout, ce n'est pas être Patriote : c'est être intrigant et ambitieux.

Je ne crois pas au patriotisme de ceux qui exagèrent les dan-gers et les troubles, pour se faire remercier d'y avoir porté remède ; et je dis que les Députés des ci-devant Communes, qui souffrent que des ci-devant Nobles s'arrogent le privilége exclusif de représenter leurs Provinces, et de parler en leur nom, connoissent bien peu les hommes et les gouvernemens. Citoyens, les loix ne sont que des livres bientôt oubliés, si l'opinion publique, si les actions des Législateurs mêmes sont en contradiction avec l'esprit des loix. Je m'engage à dévelop-per ces utiles vérités, et bientôt d'autres encore dans une Adresse aux 83 Départemens, sur les élections.

A 4

Au reste, s'il faut convenir que les égaremens de l'orgueil & des préjugés sont incalculables, il existe pour tous les hommes un frein puissant, dont nous pouvons bien calculer les effets : c'est l'intérêt. Presque tous les Officiers, sur-tout ceux qui auroient le plus à perdre à la nouvelle formation, ont des possessions en France ; croit-on qu'ils s'exposeront légérement à la sévérité de la loi qui confisqueroit les biens des traîtres armés contre leurs Concitoyens ?

Mais, Messieurs, s'il est besoin encore de suivre cette démonstration, il faut qu'on m'avoue que la majeure partie des Officiers est déterminée à renverser la Constitution, puisqu'on assure qu'ils ne veulent pas se soumettre aux loix constitutionnelles qui les concernent ; ils sont donc les ennemis déclarés de la Nation, les Soldats des Princes fugitifs. La question se réduit donc à savoir s'il vaut mieux garder les contre révolutionnaires en France, que de les envoyer au-delà du Rhin ; s'il est plus sage de donner le commandement de nos armées à nos ennemis, que de les laisser aller grossir une horde d'esclaves que le ridicule, la honte & la misère disperseront avant nos canons.

Vous me répondez tous : Que nos amis restent, & que les traîtres nous délivrent bientôt de leur odieuse présence.

C'est ce qui me paroît devoir résulter de la formation constitutionnelle & conforme aux Décrets déja rendus, que j'ai proposée.

Licencier entièrement le Corps des Officiers, le recréer sur-le-champ par l'ancienneté, pour les deux tiers, par le choix du Roi, limité par des conditions strictes pour un tiers.

Ici, Messieurs, daignez remarquer qu'en écartant l'odieux & l'arbitraire des informations, des triages & de la dictature qu'on a proposée & que l'on proposera encore, je fais tout exécuter par la loi seule ; que la loi devient elle-même l'épreuve & la mesure du patriotisme des Officiers : car il est évident qu'un Colonel qui se soumettra à n'être plus que Lieutenant, aura fait une preuve complète de civisme & même de philosophie. Je livre cette idée à vos réflexions.

C'est par des terreurs, uniquement par des terreurs de commande, qu'on s'efforcera, avec succès peut-être, de détruire tant de vérités, c'est par des terreurs que des Colonels, que des jeunes gens de la Cour, feront consentir l'Assemblée Nationale à sacrifier le repos & la liberté de la France à leurs intérêts personnels. On ne cessera de répéter que les Puissances étrangères arment contre vous ; que les Prêtres réfractaires travaillent le peuple ; que les Officiers vont tous donner leur démission, & que le Royaume va demeurer sans défense : on confondra toutes les idées ; on enchevêtrera toutes les questions ; on proposera constamment des mesures au-lieu de loix constitutionnelles, afin de donner le change sur le licenciement du Corps des Officiers. Les mêmes hommes qui ont crié au sujet des petits assignats : *le Peuple les veut, le Peuple commande, votre devoir est d'obéir* : les mêmes hommes diront, ou feront dire, cela revient au même, que le Peuple a tort sur le licenciement des Officiers, & qu'il faut méconnoître sa volonté. Mais nous qui savons que si le Peuple entend quelque chose en finance, il se connoît beaucoup mieux en liberté ; mais nous qui savons que tous les efforts des despotes de l'Europe échoueront contre les François combattans pour la Constitution, sur une terre libre ; mais nous qui savons qu'on ne réduit pas à l'esclavage trois millions d'hommes armés, qui ont leurs femmes & leurs enfans derrière eux, & qui s'enseveliront sous les ruines de leur patrie, plutôt que de reprendre des fers ; nous, Messieurs, nous ne cesserons de déjouer les intrigues &

de méprifer les menaces. Nous foutiendrons, avec une conftance inébranlable, le vœu univerfel de nos frères d'armes ; & fi nous effuyons une première défaite, nous faurons bien, tôt ou tard, faire triompher la juftice & la raifon.

Je vais réfumer, en peu de mots, tout ce que j'ai dit aujourd'hui & dans l'avant-dernière féance.

1°. Il ne peut y avoir de liberté pour les Citoyens tant que l'efprit militaire ne fera point changé, & il ne peut être changé que par une nouvelle conftitution militaire.

2o. Le mode d'avancement eft illufoire, tant que le Corps des Officiers fubfiftera tel qu'il étoit avant la Révolution ; les Citoyens & les Soldats le fentiront toujours, & vous n'aurez jamais ni fubordination ni paix.

3o. La compofition du Corps des Officiers eft fondée fur les priviléges & fur les diftinctions de naiffance ou de faveurs, bafes diamétralement oppofées à la Conftitution, & cette bigarrure eft d'autant plus dangereufe, que les Officiers font ennemis du nouveau régime, & qu'ils ne lui doivent point leur état.

Ces trois vérités fans réplique établiffent la néceffité du licenciement. Voici ce qui prouve qu'il n'eft point dangereux.

Le Corps des Officiers, dans le cas d'une réforme générale, ne paffera point à l'Etranger, parce qu'il exifte une grande différence entre défapprouver les nouvelles Loix, & porter les armes contre fes frères ; ils ne pafferont point à l'Etranger, parce qu'ils ont en France des poffeffions & des familles.

Mais fi vous ne licenciez pas, il eft à craindre que les Soldats & les Citoyens ne finiffent par licencier euxmêmes : alors le même danger exiftera, & vous aurez des Soldats infubordonnés. Il n'eft pas à craindre de manquer d'Officiers ; ceux retirés depuis dix ans, ceux en activité qui resteront, & les Sous-Officiers formeront une masse de sujets au moins suffisante.

En dernière analyse, la question est réduite à savoir s'il vaut mieux que les Contre-révolutionnaires soient en France qu'en Allemagne.

En dernière analyse, il y a donc très-peu de danger à licencier & beaucoup à conserver.

Les différentes opérations que l'on propose de substituer au licenciement légal & à la formation constitutionnelle, sont toutes immorales, insuffisantes, impraticables.

1o. La dictature judiciaire à donner à quelques Officiers généraux est d'une atrocité révoltante.

2°. La formation des camps est la mesure la plus funeste à employer dans la circonstance où nous nous trouvons.

3o. Tous moyens de répression contre les Soldats qui ont raison, en faveur des Officiers qui ont tort, sont injustes & seront sans efficacité.

4o. Tout triage, toute séparation des Aristocrates d'avec les Patriotes est impossible, & suppose aussi un pouvoir dictatorial.

5o. La nomination des Officiers par les Soldats, le scrutin préparatoire fait par les Soldats, par les Municipalités, ou par d'autres, ouvre la porte aux délations, aux calomnies, à la corruption, & tend à démoraliser & à insubordonner l'Armée.

Au contraire, dans mon projet de Décret c'est la Loi qui fait tout ; elle porte avec elle un scrutin préparatoire, un moyen d'épreuve assuré ; elle donne la mesure exacte du patriotisme de chaque Officier ; & en détruisant les préjugés militaires jusque dans leurs fondemens, elle

change tout-à-coup, & pour toujours, cet esprit si contraire à la liberté. Voilà, je pense, la question suffisam-
ment éclaircie de ma part : chacun de ceux qui m'enten-
dent, est, de ce moment, en état de juger mon projet &
tous les autres que l'on pourra présenter (1).

––

(1) Je réserve mon projet de Décret pour l'Assemblée Nationale, et cela par des raisons qu'on sentira bien sans que je les
indique.

RÉPONSE

A M. DUBOIS DE CRANCÉ

ET AUX SIX COMITÉS RÉUNIS.

Le vœu du Peuple crie, et n'est point écouté ;
Rompez, rompez tout pacte avec l'impiété ;
D'ambitieux projets foudroyez les complices,
Et vous viendrez alors nous vanter vos services.

Athalie, Acte I, Scène I.

J'AI pris devant la Société des Amis de la Constitution l'engagement de répondre aux objections que M. Dubois de Crancé est venu faire à la Tribune contre ma loi réformatrice de l'armée, & de combattre les *mesures* ministérielles qu'il nous a annoncé devoir être proposées par les six Comités.

La foiblesse des moyens employés par les adversaires, rend cette tâche peu difficile. Elle est remplie d'avance ; je n'aurai presqu'à me répéter.

Quel qu'ait été le dessein qui a dirigé la démarche de M. de Crancé, & quelqu'avantage qu'il me donne ici sur lui, je respecterai son zèle & son patriotisme ; il faut bien que je lui pardonne d'être encore infecté des préjugés militaires, puisqu'il me fournit une nouvelle occasion de les mettre sous la faulx de l'opinion publique.

M. de Crancé nous dit d'abord qu'il a proposé le premier, il y a deux ans, le licenciement de l'Armée, avec un mode de réformation, tel que, sans ôter à personne son emploi, il eût placé chacun suivant son grade & son arme dans de nouveaux Corps organisés par Départemens ; en sorte que les Officiers & Soldats, placés dans un canton, eussent été naturels du pays.

Et bien, moi, je dis que ce plan n'est ni constitutionnel ni même militaire.

1°. Il n'est pas constitutionnel, puisque vous conserviez un Corps d'Officiers formé par les priviléges & par l'ancienne faveur ; puisque vous ne détruisiez pas comme moi l'orgueil du préjugé jusque dans ses racines ; puisque tout mode d'avancement, pour les Citoyens de toutes les classes & pour les Soldats, devenoit illusoire par la conservation de tous les anciens Officiers ; puisque vos Officiers n'auroient pas dû leurs grades à la Constitution, mais à l'ancien régime.

Vous détruisiez ainsi, dites-vous, l'esprit de corps ; mais M. de Crancé peut-il ignorer qu'il y a dans l'armée deux sortes d'esprit de corps : celui de régiment, qui consiste en ce que tous les individus qui composent ce régiment, attachent leur gloire & leur intérêt personnel à toutes les belles actions anciennes ou récentes faites par le corps, en ce que chacun d'eux s'identifie avec lui, (c'est dans ce sens que Rousseau disoit qu'un lâche deviendroit brave en entrant dans le régiment de Navarre.) Cet esprit de corps est un préjugé, mais plus utile que nuisible, à mon avis ; & c'est positivement celui-là que M. de Crancé vouloit détruire. La seconde espèce d'esprit de corps est celle qui est commune à tout

le corps des Officiers de l'armée : c'eſt, à proprement
parler, le préjugé de la profeſſion elle-même. Il conſiſte
à croire qu'un Officier eſt beaucoup au-deſſus d'un autre
citoyen ; qu'il lui faut bien plus d'honneur, de délicateſſe
& de fierté ; que rien ne peut lui ôter ſon grade ; qu'il
eſt en cela au-deſſus de la volonté ſouveraine ; qu'il ne
doit obéir qu'au Roi , &c. Ce préjugé , compoſé de
toutes les idées les plus oppoſées au bon ſens & à la
liberté, s'eſt encore fortifié depuis que le deſpotiſme
avoit exclu des places d'Officiers tous les citoyens, ex-
cepté les valets de la Cour , les tyrans des campagnes , &
les arrière-petits-fils des Secrétaires du Roi. Et c'eſt
juſtement cet eſprit de corps que M. de Crancé conſer-
voit ſoigneuſement dans ſon plan ; c'eſt celui que je ne
ceſſerai, moi, de répéter aux François, qu'il faut ſe hâter
de détruire pour ne pas perdre la liberté (1).

2°. Le plan de M. de Crancé n'étoit ni militaire ni
monarchique. L'armée doit être un tout, un inſtrument
un & ſimple dans la main du pouvoir exécutif. Le Roi
doit en diriger , d'un ſeul mouvement, tous les fils vers
les différens points de nos frontières , lorſqu'il faut les
garantir des entrepriſes de l'ennemi. Former l'armée par
département, c'eſt donner en propriété une armée à
chaque Département ; c'eſt le ſyſtème de républiques
fédérées ou de l'anarchie. Ce n'eſt pas aſſurément celui
de M. de Crancé ni le mien, ni celui de M. Robeſpierre,
ni celui de M. Sieyes , quoi qu'en diſent quelques ci-
devant patriotes, dont on commence à apprécier le parlage. Car ces mots *république*, *anarchie* , ſont devenus le

---

(1) Ce point ne doit pas être oublié dans l'éducation nationale. Citoyens , inſtruiſez vos enfans à haïr les diſtinctions , et
ceux qui veulent les faire renaître ou ſe prévaloir de celles qu'ils
ont perdues.

cri de ralliement des factieux de tous les partis, contre les amis invariables de l'ordre & de la liberté (1).

M. de Crancé vouloir aussi faire élire pour les remplacemens à l'avenir par les soldats & par les citoyens. Impossible, immoral, dangereux, & le contraire est déjà décrété. Il ne faut pas que les Officiers de régimens consument leur tems en intrigues; c'étoit toujours un défaut qu'ils avoient de moins que la plupart de leurs chefs.

Passant ensuite à mon projet, dont il n'a pas apperçu le grand but politique, celui de détruire, pour ainsi dire, par lui-même l'esprit anti civique que l'on appelle militaire, & dont il rend en conséquence un compte inexact que je ne dois pas m'occuper à rectifier puisqu'on peut me lire, M. de Crancé reproche à mon projet le défaut de replacer les aristocrates hypocrites ou avides, qui consentiroient à rentrer par rang d'ancienneté.

Je répète que tel est l'esprit de corps (& M. de Crancé qui a servi, doit le savoir) que tous les Officiers qui n'auroient pas autant de patriotisme que de philosophie, n'useront assurément pas de la faculté de reprendre les grades qu'ils avoient, ni même d'en acquérir de supérieurs par l'ancienneté, quand ils verront dépouiller leurs chefs & une partie de leurs égaux en grade.

Telle est l'absurdité des préjugés de cette profession, que l'Officier le plus aigri contre les passe-droits que l'intrigue des courtisans lui a fait essuyer, refusera de servir lorsque l'on remettra les objets de sa juste jalousie à la

---

(1) Je n'ai pas comme le préopinant (M. du Port) la théorie des mouvemens populaires, a dit le patriote Buzot, en répondant à un Discours sur la rééligibilité, qui sembloit avoir pour texte : *Nul ne fera des loix, hors nous et nos amis.*

place

place qu'ils occuperoient si la faveur n'avoit pas existé pour eux.

M. de Crancé n'a pas fait attention que je délivre l'armée, de la cohorte ennemie des jeunes gens de la Cour, qui remplissoient les places des Etats-Majors, au détriment du service & contre toute idée de justice & de raison.

Mais puisqu'on m'arrache une pensée que je voulois laisser à deviner à l'expérience, à développer à la circonspection, voici ce que j'ai prévu, ce que je ne voulois pas dire encore : aucun Officier, né noble, n'acceptera les conditions justes, constitutionnelles, raisonnables que je leur fais prescrire par la Loi, & il en résultera un licenciement absolu, une exclusion subite de tous ceux qui ne sont pas dignes d'être soldats citoyens; & cependant ils n'auront pas à se plaindre, puisque vous leur aurez offert un moyen honorable & légal de continuer leurs services.

Mais il est bien étrange que ce soit M. Dubois de Crancé qui reproche à mon système l'inconvénient de rappeler des Officiers aristocrates, lui qui vient de se vanter d'une conception tendante à les conserver tous indistinctement, *sans ôter à personne ni son emploi ni son grade*; idée qui outre cette inconséquence, enracine de plus en plus le préjugé dans le cœur des militaires, tandis que je le détruis par lui-même.

C'est justement cette destruction du préjugé, qui déplaît souverainement à M. de Crancé; il m'objecte qu'aucun militaire, même excellent patriote (1), ne voudra des-

____

(1) Aussi aurons-nous au juste la mesure du bon sens de certains militaires se disant Patriotes, et qui ont fait tant de bruit contre la Robe et l'Église, s'ils gardent le silence dans cette question; comme nous aurons la mesure de leur désintéressement, s'ils combattent le licenciement, avant d'avoir donné leurs démissions.

cendre dans la hiérarchie de l'état qui lui étoit dévolu, &
qu'ainsi l'on perdra des hommes remplis de zèle, de
talens, & couverts de l'estime de leurs concitoyens. Moi
qui n'ai jamais loué que la droiture & la simplicité, je
vous dis que ma croyance au patriotisme des ci-devant
nobles est, en raison inverse de leur élévation & de leur
proximité de la Cour; je vous dis que je n'en connois pas
un autour de nous, en qui le masque du patriotisme ne
soit une difformité de plus; je vous dis que ceux là n'auront que le mépris de leurs concitoyens, qui préféreront
les épaulettes du despotisme au nivellement constitutionnel. Je vous dis que tout noble est l'ennemi de la
liberté; que les moins à craindre sont les ennemis ouverts, & que les plus dangereux sont ceux qui ont sans
cesse l'égalité à la bouche, tandis que leur cœur est con-
sumé de la dévorante soif des distinctions. Voilà ma réponse; elle est dure, mais elle est franche; je m'em-
presserai toujours à répandre des vérités utiles.

Mon projet, selon M. de Crancé, a encore le défaut
de donner des Lieutenans, des Officiers de fortune pour
chefs aux compagnies, & de mettre des Capitaines à
la tête des régimens.

Il est étonnant de voir un ancien Militaire s'obstiner
à croire aux talens des Colonels, qui, pour la plupart,
n'ont jamais vu leurs régimens que pour la forme,
comme un Conseiller au Parlement voyoit les pièces d'un
procès. J'en atteste ici le témoignage de toute la France:
ne voit on pas pendant la moitié de l'année, les Compagnies commandées par les Lieutenans, même par les
sous-Officiers, & les Régimens par les Capitaines; les
choses alors en vont-elles plus mal? Est ce vous, patriote Crancé, qui voulez nous persuader que les gens
de qualité savent tout, sans avoir rien appris, & qu'outre
le privilége exclusif des places, ils doivent encore avoir
celui des connoissances & des talens? Nous ferez vous

oublier que lorsque nous avons entendu des Grenadiers & des Soldats parler sur la chose militaire avec autant de raison que de sagesse, aucun Colonel n'a jamais rien dit devant nous sur ce sujet qui ne respirât la morgue des préjugés, & l'intérêt personnel.

M. de Crancé crie ensuite à l'anarchie, qu'amènent, selon lui, les idées de formation constitutionnelle de l'armée. Il en attribue la faute aux Sociétés des Amis de la Constitution, & aux Gardes nationales, qui, selon lui, veulent occuper des places dans l'armée. J'aime trop M. de Crancé, pour répondre à de telles allégations, & je me hâte de passer avec lui à l'exposition des mesures inventées par les six Comités.

Comme je les ai déja combattues ces mesures insensées, & que l'opinion publique les a proscrites d'avance, il me reste peu de choses à dire à cet égard.

Les Comités, a dit M. de Crancé, *commenceront par déclarer qu'il ne peut y avoir lieu au licenciement, afin de tranquilliser les bons esprits.* Quelle tranquillité, bon Dieu, que celle qui doit être opérée en consacrant les plus absurdes préjugés, & en rivant au milieu de la Constitution, la conservation des priviléges ! Quels bons esprits, que ceux qui ne verront pas dans cette *déclaration* une déclaration de guerre à la liberté !

2°. M. de Crancé a oublié de vous le dire, mais il m'a permis de réparer son omission, que les Comités proposeront *de chasser avec ignominie le Régiment de Dauphiné*, en garnison à Nîmes, qui a licencié lui-même ses Officiers.

Est-il bien vrai que tant de Citoyens honnêtes qui composent ces Comités, se soient laissé égarer à ce point par le charlatanisme, les mensonges, les calomnies des gens qui veulent, à tout prix, conserver leur grandeur, & par l'éternel parlage de ceux qui se sont attachés à la fortune des premiers. Braves Députés des Communes,

qu'eſt devenue votre antique énergie! Ah! fuyez, il en
eſt temps encore, ces conciliabules où l'orgueil & l'intrigue vous environnent : fuyez , & venez avec nous
combattre les ennemis des Soldats & les vôtres, au-lieu
de leur fournir des armes contre la liberté.

Les Soldats de Dauphiné ont commis ſans doute une
action illégale, les ordonnances voulant qu'ils obéiſ-
ſent à leurs Officiers; mais les Lois ne commandent-
elles pas aux Officiers d'être doux & humains envers
les Soldats, honnêtes envers les Citoyens, ſoumis à
l'autorité, reſpectueux envers la Nation qui les protège
& qui les paye?

Eh bien ! voyez ces Officiers, entendez leurs diſcours;
la fureur eſt dans leurs yeux & la menace dans leur
bouche, les habitans des Villes ſont inſultés, les Soldats
patriotes ſont punis, la Conſtitution eſt outragée, l'Aſſemblée Nationale eſt injuriée : contre - révolution,
vengeance; voilà leur cri de ralliement.

Deux années entières ont vu la France ſouillée de ces
affreux déſordres; le Comité militaire n'a propoſé aucune meſure contre les coupables.

Les faveurs ſont pour les coupables titrés, les ſup-
plices pour l'humble innocence; & les Soldats le ſavent.

Toute la France crie depuis long temps que la com-
poſition de l'Armée eſt en oppoſition avec la Liberté &
la Conſtitution, que le mode d'avancement aux places
eſt illuſoire; & les Soldats le ſavent.

Il faut donc le dire : la révolution n'étoit pas faite
dans l'Armée, & les Soldats ſont aujourd'hui ſous quelques rapports, dans la poſition où ſe trouvoient les Citoyens avant le 14 Juillet.

Ils auroient dû ſans doute attendre la juſtice de
l'Aſſemblée Nationale , mais ils ſe ſont ſouvenus peut-

être que ce n'étoit pas un Décret qui a enseveli le despotisme sous les ruines de la Bastille.

Législateurs, vous qui craignez de perdre le Corps des Officiers, ne craignez-vous donc pas de perdre ainsi graduellement toute votre Armée, l'Armée de la Constitution, de reléguer les soutiens de la France dans le fond des forêts.

Et lorsque la misère & le désespoir auront fait commettre des crimes, ferez-vous massacrer comme des bêtes féroces ces braves soldats qui demandent à combattre pour vous ?

4°. *Les Dictateurs & les camps pour contenir l'esprit de faction qui agite le Corps des Officiers contre la Constitution.*

Quelle étrange logique que celle de nos grands-hommes ! séparer les Militaires des Citoyens pour leur inspirer ~~des~~ vertus civiques ; renfermer les Soldats avec leurs Tyrans pour raffermir la subordination ; mettre les Officiers à la tête de l'Armée pour les empêcher d'attenter à la Constitution ; mettre la destinée de vingt-cinq millions d'hommes entre les mains de deux ou trois despotes ; lorsque l'on craint pour la liberté, exposer la France aux plus affreux dangers, même de l'aveu des faiseurs, sans pour cela détruire le préjugé militaire ni changer la composition aristocratique de l'armée ; & c'est avec une telle pénurie de moyens, c'est avec si peu de bon sens & de droiture, qu'on a pu réussir à en imposer long-temps à une Nation éclairée !

En vain, au reste, des imaginations fécondes s'épuiseroient-elles à chercher *des mesures* plus convenables.

Il n'en est qu'une qui convienne aux circonstances & à la dignité du Corps constituant, c'est de faire de bonnes Lois régénératrices de l'Armée, & de licencier totalement le Corps des Officiers, sans scrutin ni choix arbitraire. Mais la Loi est impassible & invariable, tandis que *les mesures* sont flexibles, se plient avec facilité au gré des caprices, des passions & des intérêts des ambitieux qui tyrannisent les Bureaux, & qui ne croient pas encore leur empire absolument détruit dans l'Assemblée Nationale (1).

---

(1) La première fois que, dans l'Assemblée, j'entendis M. Barnave dire que la loi qu'il proposoit, et qui, par parenthèse, n'obtenoit pas la faveur des Patriotes, n'étoit pas une loi, mais une *mesure*, je me crus transporté dans le cabinet de Louis XI, qui étoit l'homme du monde qui se connoissoit le mieux en *mesures*.